چاپ اول در سال ۲۰۱۵ توسط Secret Quay Media
حق نشر ۲۰۱۳ – ۲۰۱۷ M. Gail Daldy
همه حقوق محفوظ است. هیچ بخشی از این نشریه به هر گونه یا وسیله،
گرافیکی، ویا الکترونیکی، امکان نشر مجدد بدون اجازه کتبی از ناشر را ندارد.
چیزهایی که بطور شانسی برای چنس اتفاق می افتد   -   ISBN ۹۷۸-۰-۹۹۴۷۹۵۷-۴-۸
مجموعه کتابهای یادگیری با چنس : برای سفارش یک نسخه از کتاب با پست الکترونیک orders@learnbychancebooks.com
یا با تلفن ۱-۶۰۴-۹۴۷-۹۲۸۳ تماس بگیرید.
ازسایت اینترنتی ما در www.learnbychancebooks.com دیدن کنید.
سر پرست هنری : جیسون بمفورد - Bamford Design – Jason Bamford - www.bamforddesign.co
عکاس : گیل دالدیGail Daldy
مشاور هنری : فلورا نوایی – florangraphic@gmail.com
با تشکر ویژه از مارک جانستون برای همه کمک هایش و از همه کسانی که به ترجمه این کتاب کمک کردند.
یادداشت ترجمه : چنس « Chance » نام پسر من است، اما همچنین بدان معنی است که عکسها بطور شانسی گرفته شده اند.
نسخه فارسی- انگلیسی
ناشر :

Secret Quay Media Inc.
Box 91194
West Vancouver, BC, Canada
V7V 3N6

www.secretquaymedia.com

چاپ امریکا

First published by Secret Quay Media. 2015

Copyright © M. Gail Daldy 2013 - 2017

All rights reserved. No part of this publication may be reproduced in any form or means,
graphic, electronic, without the prior written permission of the publisher.

Things That Happen By Chance | ISBN 978-0-9947957-4-8

Learn By Chance book series: To order a copy of the book email orders@learnbychancebooks.com
or call 1-604-947-9283

Visit us online at www.learnbychancebooks.com

Creative Director: Jason Bamford – Bamford Design – www.bamforddesign.com

Photographs by: Gail Daldy

Creative Consultant: Flora Navaee – florangraphic@gmail.com

A special thank you to all of those who contributed to the translation and, to Mark Johnston for all of his help.

A note on this translation: "Chance" is the name of my son, but it also means that........... the pictures were taken by chance.

Farsi/English edition

Published by:
Secret Quay Media Inc.
Box 91194
West Vancouver, BC, Canada
V7V 3N6

www.secretquaymedia.com

Printed in the USA

چیزهایی که بطور شانسی اتفاق افتاد

وقتیکه به عکسهای بزرگ شدن پسرمان چنس نگاه میکردم، این عکس ها مرا به زمان بچگی او برگرداند. فکر کردم درست کردن ترکیبی از عکس هایش ایده جالبی برای هدیه فارغ التحصیل شدنش خواهد بود.

فونتی که در کتاب استفاده شده در حقیقت خط خود چنس در زمان دبستان است. منظور من از گردآوری کتاب این است که چنس بتواند ارتباطی با چیزها ولحظات خاصی که در کودکی داشته برقرار کند و در آینده این خاطرات و درس ها را با کودکانش شریک شود.

امیدوارم که شما هم با کودکانتان از این کتاب لذت ببرید وبا لبخند درمورد چیزهای ساده زندگی که میتواند درسهای زیادی به آنها بدهد صحبت کنید.

تشکر ویژه
در اینجا جا دارد از پدر و مادرم بدلیل آشنا کردن من باچیزهای کوچک زندگی تشکرکنم

What Happened By Chance

While looking through some photographs of our son Chance growing up they instantly took me back in time to his early childhood. As my gift to him upon graduating high school I thought it would be fun to put together a collection of these chance snapshots into a little book.

The type face is actually created from some of his earliest hand writing in primary school. My hope was that he would be able to reflect back on his childhood and some of the special moments and share these everyday life lessons that he had learned as a child with his own children. It was these moments after all that made him into the person he has grown up to be.

Hopefully you can enjoy the book with your own little readers and with a smile talk about the simple things in life that teach them so much.

A Special Thanks
I'd like to thank my parents for making me aware of these little things in life.

www.learnbychancebooks.com

تقدیم به چَنس:

تو لذت دیدن **تکاملت** را که بزرگترین آرزوی هر مادری است به من دادی.

To Chance:

For affording me a mother's ultimate pleasure of watching you become **you**.

چیزهایی که بطور شانسی برای چنس اتفاق می افتد

Things That Happen By Chance

شریک شدن درس های ساده زندگی با تمام کودکان در همه جا

Sharing simple life lessons with children everywhere

زندگی همیشه پر از چیزهای
تعجب آور است

Life is always filled
with little surprises

RADIAL

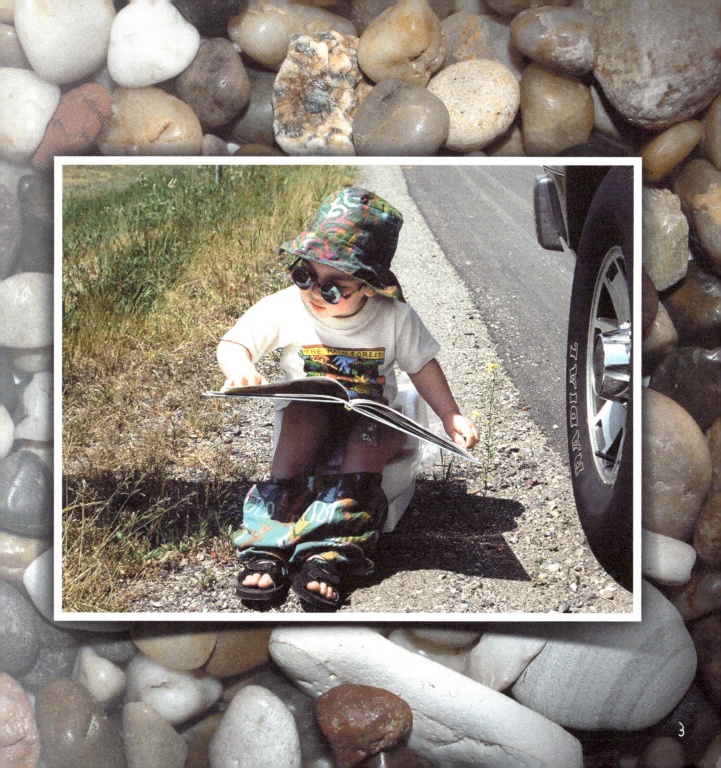

vaer sa snill
budakamnida
Kirpa Karke
varog
min fa lika
Kripya
alstublieft
per favore
s'il vous plait
Kerem
please
parakalo
tolong
e'olu olu
fadlam
bud'laska
molim
kudasai
pozalujsta
snalla
asseblief
prosze
xin
le do thoil
lotfan
por favor
bitte
ake
bevekshah
kor
doya kore
mghoi
os gwelwch yn dda

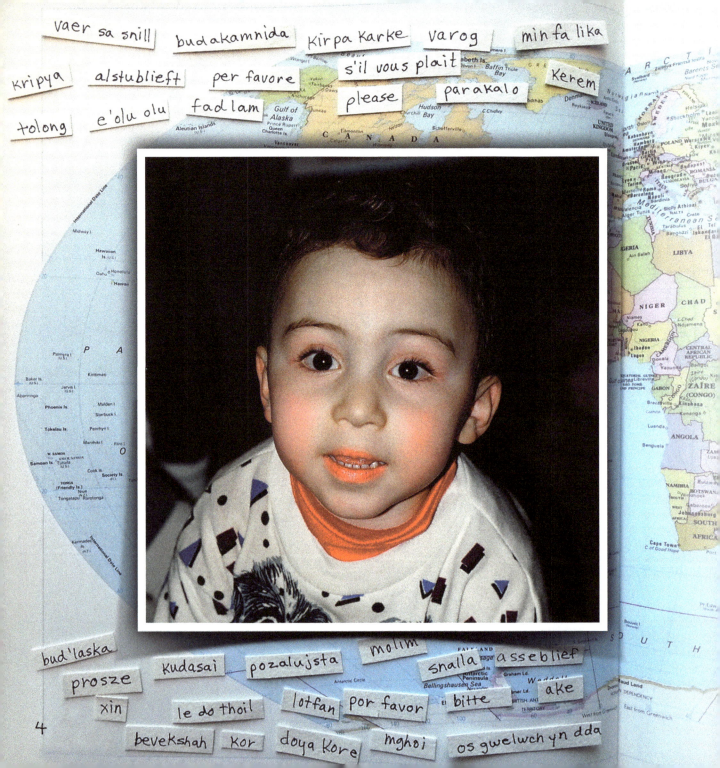

وقتی چیزی می خواهید،
همیشه به یاد داشته باشید
که بگویید «لطفا»

When you are asking
for something always
remember to say please

وقتی کسی به شما کمک می کند همیشه به یاد داشته باشید که لبخند بزنید و از او تشکر کنید

When someone helps you always remember to smile and say thank you

dhonnobad
mahalo
moteshakkeram
go raibh maith agat
mghoi
kiitos
dankie
hvala lepo
diolch
arigatou
multumesc
shukran
grazie
efharisto
xin cam on
diakuju
obrigato
tanvad
spasibo
xiexie
dziekuje
danku
merci
thank you
terima kasih
danke
todah
tesekkur
ngiyabonga
mersi
tack
gracias
koszonom
khawp khun
mahadsanid
takk
kamsahamnida
shukriya

اگر آدامس می جوید،
۳ چیز را به یاد داشته باشید:
۱. آن را در دهان خود نگه دارید
۲. آن را فرو ندهید
۳. هرگز آن را در موهایتان قرار ندهید

If you chew gum
remember 3 things :
1. Keep it in your mouth
2. Don't swallow it
3. Never put it in your hair

وقتی کاری باید انجام بگیرد،
باعث میشود که برای انجامش
برنامه ریزی کنید

When there is a job
to be done it helps
to plan your attack

و آنرا دنبال کنید

And stick to it

تا آخر کار

Until the very end

نه فکر نمیکنم من هیچی
پفک خورده باشم

NO I don't think
I ate any cheesies

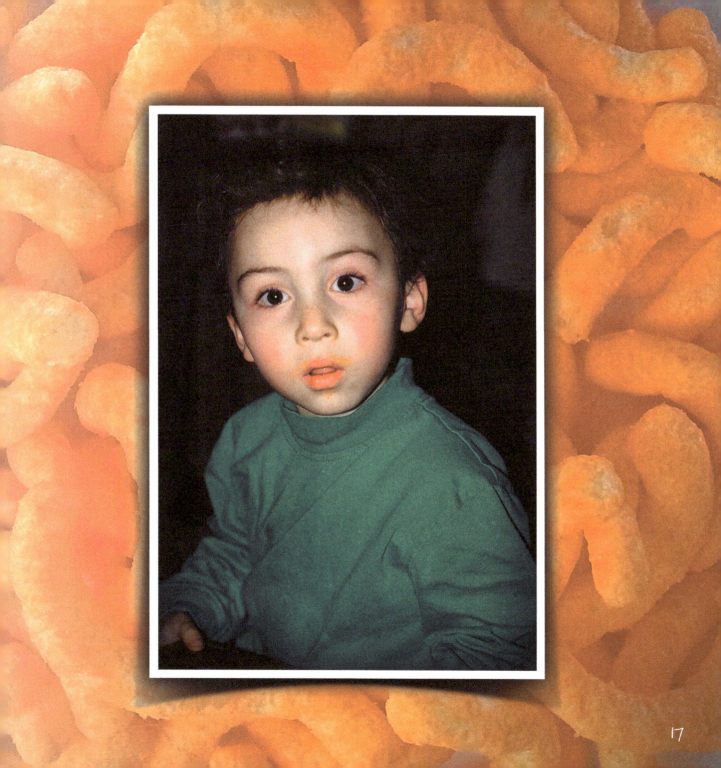

غذا دادن به پرندگان و اردک ها خیلی لذت دارد

Feeding the birds and ducks is lots of fun

ARE CAPABLE
OF BITING!

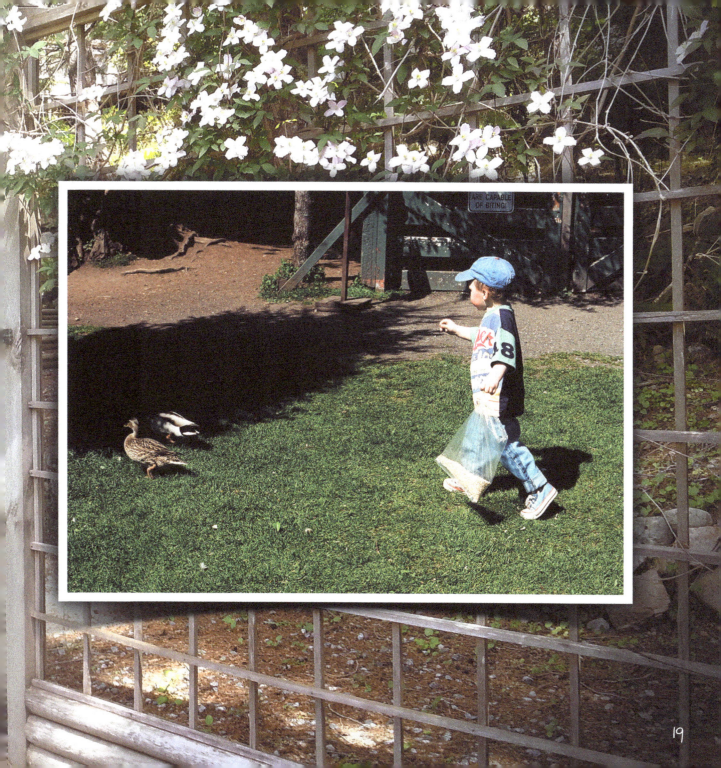

اما فراموش نکنید
در حیاط را ببندید

But don't forget
to close gate

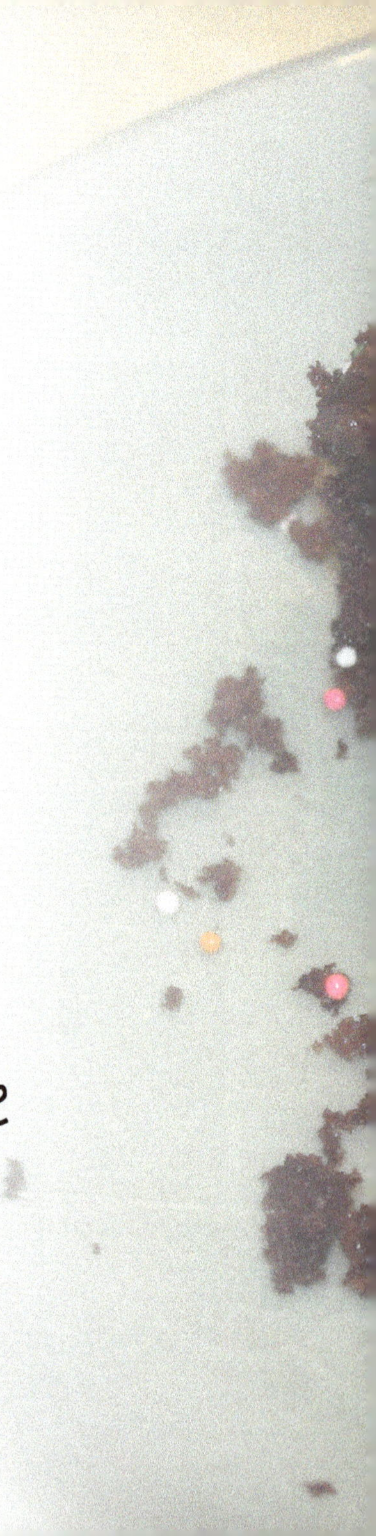

امکان زیاد از حد خوردن
کیک شکلاتی وجود دارد

you can eat too
much chocolate cake

حتما دندانهایتان را هر روز مسواک بزنید تا آنها را پاک و سالم نگه دارید

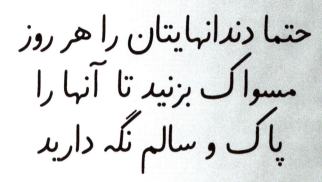

Be sure to brush your teeth everyday to keep them clean and healthy

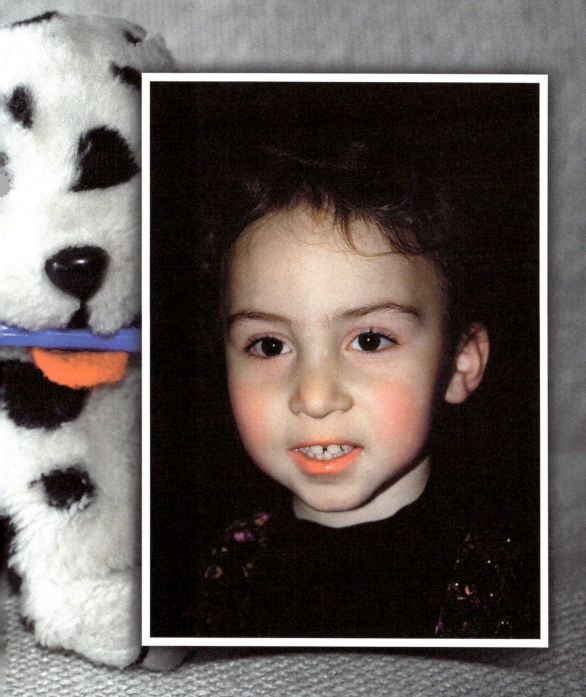

همیشه انگشتانتان را در
خارج از بینی خود نگه دارید

Always keep your
fingers on the outside
of your nose

اگر چیزی وجود دارد که
از آن مطمئن نیستید

If there is something
you are not sure about

و اگر کسی یا چیزی باعث میشود
احساس نا امنی کنید، حتما
خیلی زود به یک بزرگتر بگویید

And someone or something
makes you feel not right
inside be sure to tell a
grownup right away

باد دادن از پایین باید
در تنهایی انجام شود

Wind and thunder from
down under should be
done in private

ببخشید اتفاقی بود

I'm sorry it was an accident

یاد گیری شیرینی پزی
خیلی لذت دارد

It's fun learning
how to bake cookies

SUPER
KID

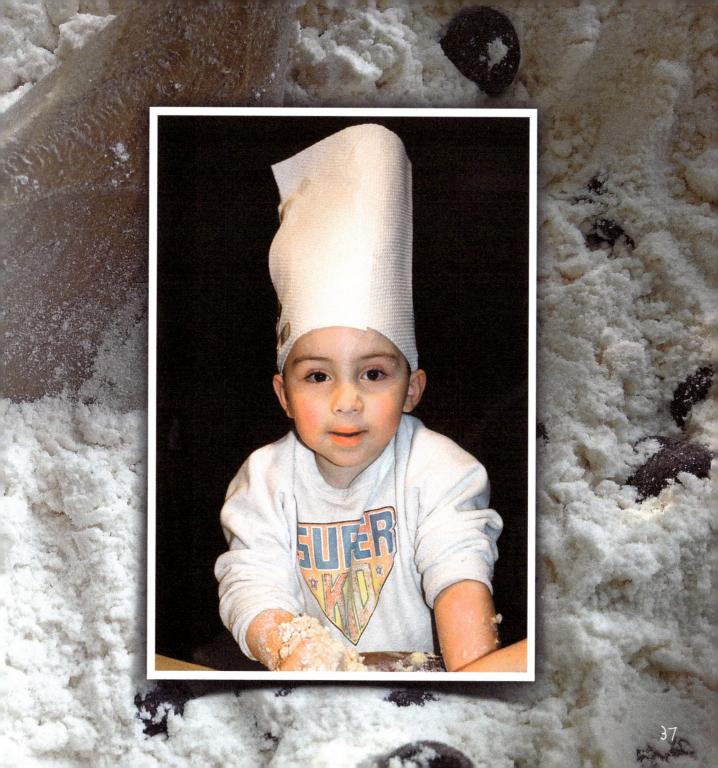

حتما همه مواد را
خوب مخلوط کنید

Make sure you mix
all of the ingredients
together really good

و همیشه به یاد داشته باشید قبل از شروع دست های خود را بشویید

And always remember to wash your hands before you start

SUPER KID

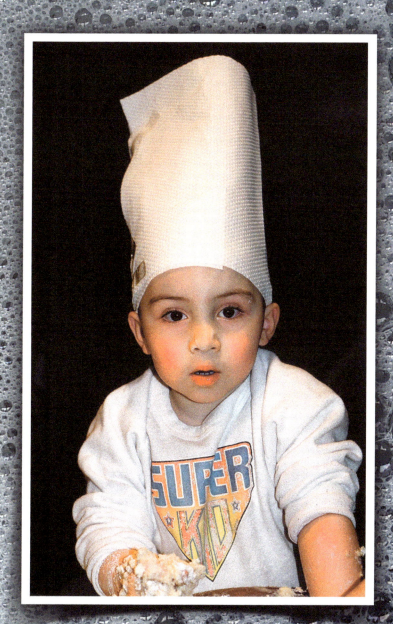

وقتی یک دوست به کسی که با او صحبت کند احتیاج دارد

When a friend needs someone to talk to

همیشه سعی کنید
یک شنونده خوب باشید

Always try to be
a good listener

هیچوقت هیچوقت هیچوقت
برف زرد نخورید

Never never ever ever
eat yellow snow

گاهی اوقات مردم داستانهایی
میگویند که درست نیستند

Sometimes people tell
stories that are not true

شما حتما داستان هایی که
درست هستند را بگویید

Make sure you tell
stories that are true

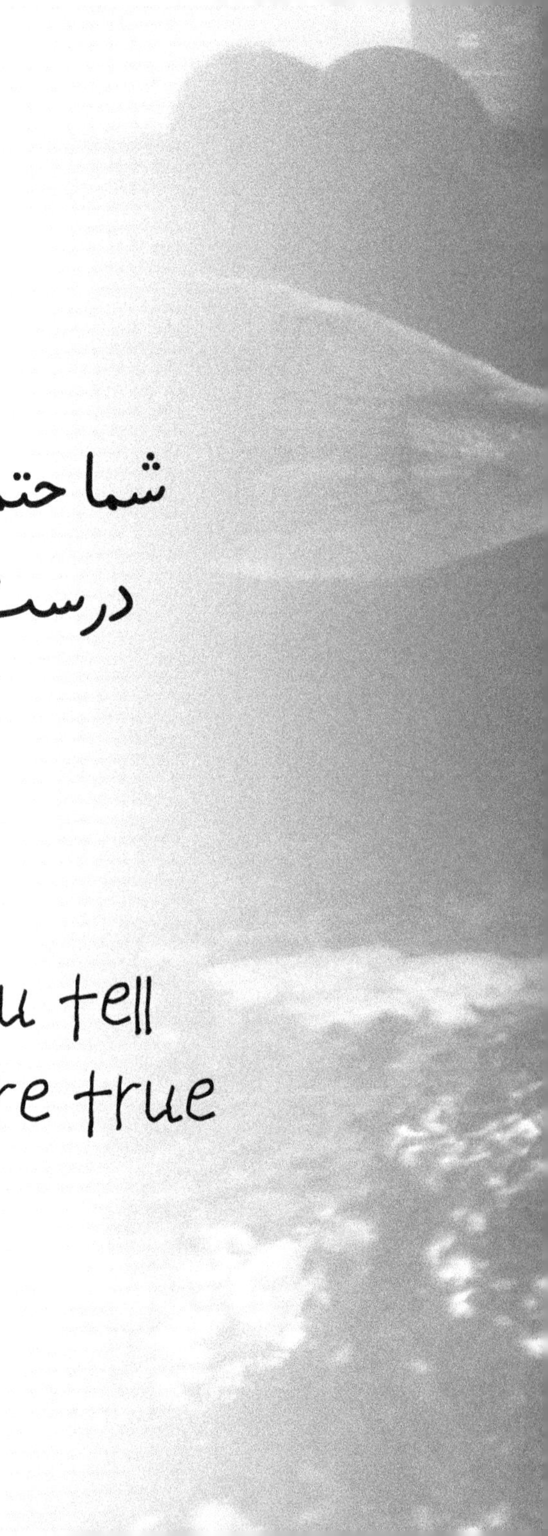

وقتی باد در موهایتان می وزد
احساس خوبی به شما میدهد

It's fun to feel the wind
blow through your hair

و همچنین وقتی شن و ماسه بین
انگشتان شما حرکت میکند

and the sand wiggle
between your toes

وقتیکه خوب باشید همه
نوع دوستی پیدا میکنید

Being nice makes
all kind of friends

وقتی آواز می خوانید از
ته قلب خود آواز بخوانید

When you sing sing
with all your heart

C/E
Am
To Coda
Dm
C
C
C7
C/E
C7
C/E
Am
Dm
C7
C/E
Am
Am
Am
D7
Dm
C
G7
G7
C

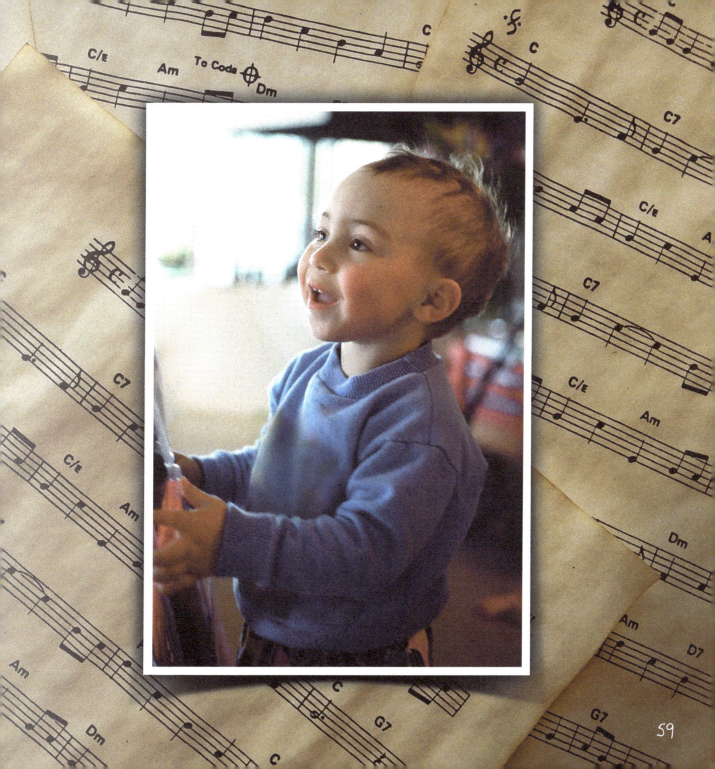

هر موقعیتی که
پیدا میکنید برقصید

whenever you get
the chance just dance

همیشه برای بو کردن
گل ها وقت بگذارید

Always take the time to
stop and smell the flowers

با تشکر از شما برای خواندن کتاب کوچک من و از اینکه اجازه دادید برخی از درس های واقعی زندگیم را که خوشبختانه برای من اتفاق افتاده با شما شریک شوم

Thank you for reading my little book and letting me share some of my real life lessons with you by chance

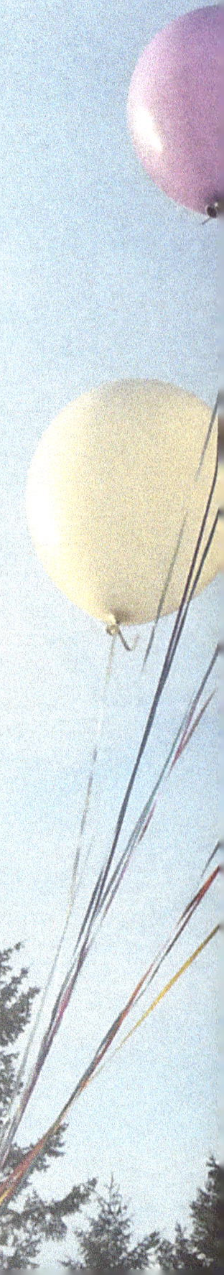

درباره نویسنده

گیل در چیلووک بریتیش کلمبیا در قسمت غرب کانادا بدنیا آمده است و درجزیره بوئن که در حاشیه ونکوور مینلند است زندگی میکند. او در جوانی بسیار سفر کرده وتجربه آشنایی با فرهنگ و آداب روزمره کشورهای زیادی را بدست آورده است.

تجربه سفرهایش اورا متوجه ساخت که کودکان در سراسر دنیا شبیه یکدیگرند و میتوانند از یکدیگر و چیزهای ساده ای که آنها را احاطه کرده است یاد بگیرند. او عقیده دارد که این مجموعه از عکس های چنس توانسته است درسهای ساده زندگی روزمره را نشان دهد وآنها را به روش آسان و قابل درک به تصویر بکشد.

About the Author

Gail Daldy was born in Chilliwack, British Columbia on the west coast of Canada before settling on Bowen Island which is just off the Vancouver mainland. As a young woman she travelled extensively experiencing different cultures and everyday living in numerous countries.

From this she realized children are similar the world over and can learn from each other and the simple things that surround them. She believes this collection of chance photographs captures many of these everyday life lessons and illustrates them in an easy to understand way.

این اولین کتاب از مجموعه کتاب های یادگیری با چنس است.

This is the first book of the Learn by Chance series.

"Kids will really relate to the photos in this book and be both inspired and amused." - **Temple Grandin - Author, Thinking in Pictures**

"These masterful photographs with entertaining and clever text makes " Things That Happen By Chance " a perfect book to impart useful knowledge to a young child and start wonderful conversations."
- **Tom Best - Executive Director, First Book Canada**

"A delightful addition to our Reach Out and Read program!" - **Dr. Laurie Green**

Things That Happen By Chance

To Say "A picture is worth 1000 words" seems so cliché while at the same time appropriate in pointing out the obvious in this little book of Chance.

As seen through the eyes of one little boy a growing visual interactive experience of a child learning simple life lessons that can be shared with children all over the world.

Seeing and reading about his adventures as they happen creates a great conversation opener for parents giving them an opportunity to talk about similar enjoyable moments and lessons learned with their own children.

GAIL DALDY

Taking a closer look at the little things in life

learnbychancebooks.com

ISBN 978-0-9947957-4-8

9 780994 795748

$18.95 USD | for ages 2 & up

ISBN 978-0-9947957-2-4
COPYRIGHT 2013 - 2017 © Secret Quay Media Inc. | All Rights Reserved | Printed in the USA

CPSIA information can be obtained
at www.ICGtesting.com
Printed in the USA
LVHW05s2121230418
574606LV00004B/6/P

9 780994 795748